Das kleine Buch vom Lebkuchen
Geschichten, Anekdoten & Rezepte

Das kleine Buch vom Lebkuchen

Geschichten, Anekdoten & Rezepte

benno

Bibliografische Information der Deutschen Nationalbibliothek
Die Deutsche Nationalbibliothek verzeichnet diese Publikation
in der Deutschen Nationalbibliografie; detaillierte bibliografische
Daten sind im Internet unter
http://dnb.d-nb.de abrufbar.

Besuchen Sie uns im Internet:
www.st-benno.de

Gern informieren wir Sie unverbindlich und aktuell auch in unserem Newsletter
zum Verlagsprogramm, zu Neuerscheinungen und Aktionen.
Einfach anmelden unter www.vivat.de.

ISBN 978-3-7462-6639-8

© St. Benno Verlag GmbH, Leipzig
Zusammenstellung: Volker Bauch, Gößnitz
Umschlaggestaltung: Karen Münch-Thornton, München
Covermotiv: © stock.adobe.com/MaverickMedia; © Olga Rai/
shutterstock.com (Herzen)
Gesamtherstellung: Arnold & Domnick, Leipzig (A)

Inhalt

Thomas Naumann:
Geschichte des Pfefferkuchens ... 7
   Klosterleben ... 10
   Krisenzeiten ... 12
   Vom Honigbrot zum Pfefferkuchen ... 13

Unbekannt: Ein Pfefferkuchen-Gedicht ... 16

Hans Hipp: Lebkuchenspezialitäten –
eine Exkursion in die europäischen
Lebkuchenzentren ... 17
   Nürnberger Lebkuchen ... 18
   Aachener Printen ... 20
   Pulsnitzer Pfefferkuchen ... 22
   Basler Leckerli ... 24
   St. Galler und Appenzeller Biber ... 25
   Hamburger Braune Kuchen ... 26
   Thorner Kathrinchen ... 27
   Kruidnoten (holländische Pfeffernüsse) ... 28
   Gingerbread ... 29
   Brune Kager und Pebernodder ... 30
   Pfeffernüsse ... 31
   Pain d'épices ... 32

Elke Bräunling:
Der Tag der lachenden Lebkuchen — 33

Gebrüder Grimm: Hänsel und Gretel — 36

Lied: Hänsel und Gretel — 52

Christa Holtei:
Hänsel und Gretel verirrten sich im Wald — 54

Clara Weiss:
Parodie von „Hänsel und Gretel" — 56

Paul Richter:
Geschichte eines Pfefferkuchenmannes — 58

Romy Herold: Die Lebkuchen-Prinzessin — 61

Rezept: Lebkuchenmänner — 76

Rezept: Einfacher Lebkuchen zum Ausstechen — 78

Geschichte des Pfefferkuchens

Thomas Naumann

Es ist heute nicht möglich festzustellen, wo und wann der erste Pfefferkuchen gebacken wurde. Aber als sicher gilt, dass die Tradition des Pfefferkuchenbackens älter ist, als man sich gemeinhin vorstellt. Bereits im Ägypten der Pharaonen waren mit Honig bereitete Brote bzw. Kuchen sehr beliebt: als Proviant für Feldzüge und lange Reisen des Hofes, als Wegzehrung der Verstorbenen auf ihrer Reise ins Jenseits.

Auch im antiken Griechenland, das im Allgemeinen als Wiege der europäischen Back- und Kochkunst angesehen wird, wusste man Schmackhaftes zu backen.

Wie auf vielen anderen Gebieten, waren in der Backkunst die Griechen die Lehrmeister der Römer. Aber auch zuvor schon wussten beispielsweise die römischen Matrosen aus Datteln, Nüssen, Pinienkernen und Honig ein Gebäck in Form von Klößen herzustellen, das sie „panis

mellitus" (Honigbrot) oder, sinnigerweise, „panis nauticus" nannten.

Die große Wertschätzung, die man mit Honig hergestelltem Brot entgegenbrachte, zeigt sich auch in Zeugnissen römischer Mythologie. Viele Römer nahmen Honigbrote ins Jenseits mit, um den Höllenhund mit den drei Köpfen, Zerberus, friedlich zu stimmen, und zu Hochzeiten waren Honigkuchen ein Teil der Opfergaben für die Gottheit des Ehestandes.

Der Verzehr von Süßspeisen war zu jener Zeit auch ein Statussymbol und stand für ein üppiges Leben. Während feine Kuchen und Torten den Reichen und Leuten von Stand vorbehalten blieben, wurde Honigkuchen eine beliebte Speise der einfacheren Bevölkerungskreise.

Die Essgewohnheiten Roms gelangten auch im Gefolge römischer Kriegszüge und Kolonisation in den Norden jenseits der Alpen, ins „barbarische" Gallien, Germanien und Britannien. Hier trafen sie auf bereits bestehende, eigenständige Traditionen.

Während der Zeit des Mittelalters scheint sich die Tradition der Feinbäckerei, der Honigku-

chenherstellung zu verlieren. Erst die Kreuzritter des 11. und 12. Jahrhunderts sollen den Honigkuchen im Orient kennengelernt und das Wissen um seine Fertigung mit nach Europa gebracht haben.

Klosterleben

Es sollen vor allem die Klöster gewesen sein, welche die Tradition des Backens bewahrten und weiterführten. Dort gab es einen großen Bedarf an aus Bienenwachs hergestellten Kerzen, und Honig war „nur" ein Nebenprodukt der Wachserzeugung. Die für die Honigkuchen verwendeten Gewürze wurden nicht allein ihres angenehmen Geschmacks wegen dem Teig beigefügt. Ihre wärmende Wirkung wurde besonders in der kalten Jahreszeit sehr geschätzt.

Während in den Nonnenklöstern vor allem die feineren und leichteren Honigkuchen („panis mellitus") gebacken wurden, blieb die Herstellung des „panis piperatus", des Pfefferbrots, (ein kräftig mit Gewürzen versehener brauner Kuchen) den Mönchen vorbehalten, da das „Brechen" des dafür benötigten Teiges harte Männerarbeit war. In den Klöstern soll auch die Tradition entstanden sein, Oblaten zum Backen zu verwenden.

In einem lateinisch verfassten Text aus dem Kloster Tegernsee findet sich erstmals eine deutsche Bezeichnung: „pheforzeltum", also Pfefferzelten – für viele Jahrhunderte der Name für flache Honigkuchen im Gebiet der Alpen.

Das Wort „Lebkuchen" wird zum ersten Mal 1139 in einem Brief des Mönches Heinrich von Nördlingen an die Dominikanernonne Margarete Ebner aus dem oberfränkischen Kloster Medingen erwähnt. Ihr, in keuscher „Gottesminne" eng verbunden, schreibt er: „Gott danke Dir für Deinen Beutel, die Kerzlin und Deinen Lebkuchen. Du sollst mir aber keinen so großen senden."

Als eine Hochzeit der Pfefferküchlerei in Deutschland können das 15. und 16. Jahrhundert

angesehen werden. Dabei konzentrierte sich das Pfefferküchlerwesen vor allem in den Städten mit Marktrecht, wo genügend Kundschaft wie auch ein relativ sicheres Angebot an Gewürzen vorhanden waren.

Krisenzeiten

Der 30-jährige Krieg stürzte die Pfefferküchlerei in eine schwere Krise. Nicht zuletzt durch die Konkurrenz des aus der Neuen Welt importierten Zuckers kam es dann im 18. Jahrhundert zum Niedergang des Zeidlerwesens. Weniger Honig war verfügbar, zeitweilig war er fast so teuer wie Zucker selbst. Damit wurde auch der Pfefferkuchen für breite Kreise zu teuer.

Man gab die Tradition auf, Pfefferkuchen mit Hilfe von Modeln herzustellen, und setzte auf die preiswertere Variante, Stücke mit Formen wie Herzen, Sternen oder Monden aus dem Teig auszustechen. Pfefferkuchen waren zu einem Gebäck geworden, das man im Grunde nur noch zu Weihnachten verzehrte.

Im 19. Jahrhundert erholte sich das Pfefferküchlerwesen kurzfristig, aber die Pfefferkuchenproduktion konnte sich nur in wenigen Zentren Deutschlands halten. Während heute noch zur Weihnachtszeit viele Bäckerläden Pfefferkuchen anbieten, blieben von den einstigen Hochburgen der Pfefferküchlerei nur drei übrig: Nürnberg, Aachen, Pulsnitz. Die großen Traditionen anderer Städte überlebten in Namen wie Liegnitzer Bomben oder Thorner Kathrinchen.

Vom Honigbrot zum Pfefferkuchen

Das mit Honig gesüßte Brot wird als Vorläufer des Pfefferkuchens angesehen. Brot wie Honig galten in früheren Zeiten als heilige Gaben der Götter. Darüber hinaus war Honigkuchen ein idealer Reiseproviant. Er war leicht zu transportieren. Ohne Fett gebacken, verdarb er nicht, sondern konnte relativ lange gelagert werden; die im Honig enthaltene Energie, in Form von Zucker, war schnell verfügbar. So wird beispielsweise berichtet, dass die Reitertruppen Dschingis Khans Anfang des 13. Jahrhunderts, die China eroberten, Honigkuchenscheiben unter dem Sattel dabeihatten, um auch unter schlechtesten Bedingungen zu überleben. Als geeignetes Reserveprodukt wurden 1940 vom Roten Kreuz den Care-Paketen Pfefferkuchen beigegeben.

Heute brauchen wir weder Opferkuchen noch leicht zu transportierende Wegzehrung. Wir essen Pfefferkuchen gerne aus weniger praktischen Gründen, wir leisten uns den Luxus des Genusses.

Die in Honig, Sirup oder Zucker enthaltenen Süßstoffe werden vom Körper direkt aufgenommen, damit können wir unseren Heißhunger auf Süßes schnell befriedigen. Der im Sirup enthaltene Fruchtzucker ist dabei von Vorteil, denn er sorgt dafür, dass der Zucker gleichmäßig resorbiert wird. Darüber hinaus sollten wir auch die anderen guten Inhaltsstoffe des Honigs nicht vergessen. – Für Schokoholics sind mit Schokolade überzogene Teile ein weiterer, wichtiger Grund, Pfefferkuchen zu mögen.

Es sind aber vor allem die Gewürze, ihre Aromen, die den Pfefferkuchen so besonders machen. In der Vergangenheit schrieb man ihm daher auch medizinische, verdauungsfördernde und magenfreundliche Eigenschaften zu.

Wenn wir Pfefferkuchen essen, fühlen wir uns, auch wenn wir uns dessen oft nicht bewusst sind, an die Wärme und Geborgenheit der Weihnachten unserer Kindheit erinnert. Verantwortlich dafür sind wiederum die Gewürze, allen voran der Zimt. In der indischen Küche gibt es eine Einteilung in Gewürze, die kühlen, und Gewürze, denen man wärmende Eigenschaften zuspricht. Zu letzteren gehören zum Beispiel Zimt, Ingwer, Kardamom – die klassischen Pfefferkuchengewürze.

Der Kombination von Süßem, Schokolade und Gewürzen verdanken wir das Gefühl von Wohlbefinden. Das ist auch wissenschaftlich in Untersuchungen belegt: Besonders während der kalten und sonnenarmen Wintermonate steigt der Konsum von Genussmitteln wie Kaffee und Schokolade in den Ländern Mittel- und Nordeuropas signifikant an.

Ein Pfefferkuchen-Gedicht

Unbekannt

Pfefferkuchen, o wie fein,
neun Gewürze müssen's sein.
Sie alle haben fremde Namen,
sagen uns, woher sie kamen.
Ob China, Indien, Sansibar,
ob es Ägypten, Zypern war,
in alter Zeit schon hoch begehrt,
war'n sie so viel wie Gold wohl wert.
Auf vielen alten Handelswegen
kamen sie zu uns, ach, welch ein Segen.
Sonst gäb es keinen Pfefferkuchen,
den wir so gerne doch versuchen:
mit Ingwer, Pfeffer Zimt, Muskat,
Anis und Fenchel schön parat,
auch Kardamon gehört hinein,
wie Koriander, feins Nägerlein.
Es sind dann neun aus aller Welt,
zu unserem Wohl und Gottes Lob bestellt.

Lebkuchenspezialitäten –
eine Exkursion in die europäischen Lebkuchenzentren

Hans Hipp

In vielen europäischen Ländern sind durch die lokale Backkultur Lebkuchen-Spezialitäten entstanden, die auf eigene, charakteristische Art hergestellt und verziert werden. Einige erlebten mit der Industrialisierung um 1900 einen kometenhaften Aufstieg und dürfen durch geschützte Herkunftsbezeichnungen nur in einer bestimmten Stadt oder Region hergestellt werden.

Nürnberger Lebkuchen

Nürnberg gilt als die Lebkuchenstadt schlechthin. Der weltbekannte „Nürnberger Lebkuchen" bezeichnet aber keine besondere Rezeptur oder Herstellungsart, sondern ist nur eine Herkunftsbezeichnung für viele verschiedene Lebkuchensorten, die in Nürnberg produziert werden.

Den legendären Ruf des Nürnberger Lebkuchens verdankt die Stadt der Tatsache, dass sie schon seit Jahrhunderten eine Hochburg der Lebkuchenbäcker ist und die größten Hersteller hier beheimatet sind. Ihr Aufstieg zur Lebkuchenmetropole hängt wohl mit den günstigen Standortbedingungen der Frankenstadt zusammen, wie der Nähe zum Reichswald, der sich rund um Nürnberg ausdehnte. So war es den Zeidlern (Waldimkern) ortsnah möglich, die Stadt mit großen Mengen Honig von wildlebenden Bienen zu versorgen. Weil Nürnberg auch am Knotenpunkt der wichtigsten Handelswege lag, konnten von hier aus die Lebkuchen direkt in alle Welt vertrieben werden. Auch die zur Herstellung der Lebkuchen benötigten exotischen Gewürze waren über diese Fernhandelsstraßen problemlos zu beschaffen. Außerdem war Nürnberg lange Zeit der wichtigste Handelsplatz für Zucker. Es gab hier nicht nur überdurchschnittlich viele Lebzelter, sondern in der Zeit der Industrialisierung auch mehrere große Lebkuchenfabriken, die ihre Produkte in alle Welt verschickten.

Aachener Printen

Aachen ist die Heimat der berühmten Printen und Stammsitz der Firma Lampertz (1688 gegründet), heute einer der größten Lebkuchenhersteller Europas. In Modeln geformte, aus Honigteig steinhart gebackene Lebkuchen mit verschiedensten Bildmotiven gab es in der Region um Aachen schon im 15. Jahrhundert. Der Name Printen kommt vom niederländischen „print", was Druckplatte oder Abdruck bedeutet. Die ortsspezifische Bezeichnung „Aachener Printen" entstand aber erst zu Beginn des 19. Jahrhunderts für eine von Henry Lampertz IV. neu kreierte Sorte brauner Lebkuchen, für die er erstmals statt Honig den billigeren Zuckerrübensirup verwendete. Der nun wesentlich weichere Teig wurde nicht mehr in Modeln geformt, sondern flach ausgebreitet ohne bildliche Motive gebacken und danach in die typische rechteckige Printenform geschnitten. Um 1860 verhalf Lampertz den Aachener Printen überregional zum Durchbruch, als es ihm gelang, durch neuartige Verarbeitungsmethoden die Lebkuchen mit flüssiger Schokolade zu überziehen. Charakteristische Besonderheit der Aachener Printen sind die im Teig verarbeiteten winzigen Kandiszuckerstücke, die beim Kauen knistern. Neben den einfachen braunen Kräuterprinten werden in Aachen heute auch zahlreiche feine Variationen wie Saft-, Nuss- und Schokoladenprinten hergestellt. Die „Original Aachener Printen" sind durch die Europäische Union als Produkt mit geschützter geografischer Angabe zertifiziert.

Pulsnitzer Pfefferkuchen

Wie Aachener Printen und Nürnberger Lebkuchen zählen Pulsnitzer Pfefferkuchen zu den geschützten Produktbezeichnungen. Die acht Pfefferküchler in der 7500 Einwohner zählenden Stadt zwischen Dresden und Bautzen gehören als eigene Innung dem Landesverband des Bäckerhandwerks im Freistaat Sachsen an. In ganz Deutschland gibt es keinen anderen derartigen Zusammenschluss von Handwerksbetrieben, die das ganze Jahr über nur Pfefferkuchen backen und ausschließlich von diesem Geschäft leben.

Die „Original Pulsnitzer Pfefferkuchen" werden aus einem mit Honig und Sirup gesüßten Grundteig hergestellt, der teilweise mehrere Jahre lang gelagert wird. Bekanntestes Produkt der Stadt sind die mit Schokolade überzogenen und gefüllten Pulsnitzer Spitzen. Außerdem gibt es noch zahlreiche ungefüllte Spezialitäten wie Alpenbrot, Pflastersteine und seit Neuestem auch Bio-Vollkorn- oder Hanf-Pfefferkuchen. Sehr beliebt sind die mit bunten Zuckerglasuren verzierten Pfefferkuchen. Seit 2003 lockt der Pulsnitzer Pfefferkuchenmarkt alljährlich im November bis zu 100 000 Besucher in die sächsische Kleinstadt.

Basler Leckerli

Auch Basel ist eine berühmte Lebkuchenstadt und hat wie Aachen eine überregional bekannte Spezialität. Die Basler Leckerli (oder Läckerli) heben sich von den anderen Honiglebkuchen durch die besondere Herstellungsart der Teige ab. Dafür verwenden die Konditoren auch kandierte Früchte sowie Haselnüsse und Mandeln. Der fertig gebackene Honigkuchen wird mit Zuckerglasur überpinselt und in rechteckige Stücke geschnitten.

St. Galler und Appenzeller Biber

Charakteristisch für die St. Galler Biber ist die Mandel- oder Marzipanfüllung, die in den Honiglebkuchen mitgebacken wird. Sie werden als kleine, trapezförmig geschnittene Süßigkeiten angeboten. Der große Biber ist ein rechteckiger Honiglebkuchen, auf dessen Vorderseite mit einem Model ein Bild eingeprägt ist, meist ein stehender Bär, das Appenzeller Wappentier. Beim Appenzeller Biberfladen handelt es sich um ein flaches Lebkuchengebäck, das in der Region ganzjährig hergestellt wird. Die Bezeichnung „Biber" hat übrigens nichts mit dem Nagetier zu tun, sondern geht vermutlich auf das lateinische „piper" oder „piment" (Pfeffer, Nelkenpfeffer) zurück.

Hamburger Braune Kuchen

Unter dieser Bezeichnung versteht man dünne Plätzchen, die häufig aus einer Mischung von Weizen- und Roggenmehl mit Honig bzw. Sirup, Nelken, Zimt und Piment knusprig gebacken werden. Braune Kuchen sind auch in Skandinavien sehr beliebt. In runder Form nennt man sie Helgoländer Nüsse.

Thorner Kathrinchen

Zu den großen Lebkuchen-Städten gehört das heute polnische Toruń, deutsch: Thorn. In einem Koster der ehemaligen Hansestadt sollen im 16. Jahrhundert die „Thorner Kathrinchen" entstanden sein – einfache Honiglebkuchen ohne Füllung. Heute gibt es sie auch mit Schokoladenüberzug. Bekannt sind auch die Thorner Pflastersteine, kleinere runde oder eckige Lebkuchen mit weißer Zuckerglasur. Sie werden mit oder ohne Füllung gebacken. Die Thorner Figurenlebkuchen sind teilweise sehr große Gebildbrote in Form von Bauwerken, Kutschen oder menschlichen Figuren. Sehr gefragt sind auch die Thorner Lebkuchenherzen mit ihrem typischen Gittermuster. Jedes Jahr findet in Toruń ein Lebkuchenfest statt.

Kruidnoten (holländische Pfeffernüsse)

In Holland heißen die Pfeffernüsse Kruidnoten, die dort speziell um den Nikolaustag herum, aber auch in der übrigen Vorweihnachtszeit neben gefüllten Spekulatius und Zuckerplätzchen angeboten werden. Äußerlich ähneln die Kruidnoten eher braunen Kieselsteinen, aber der würzige Geschmack mit feinen Anis-, Zimt- und Ingweraromen soll angeblich schnell süchtig machen. Eine andere lebkuchenartige Spezialität unserer Nachbarn ist der niederländische Frühstückskuchen „Ontbijtkoek".

Gingerbread

Der Ausdruck verweist auf den Ingwer (englisch: Ginger) und andere kräftige Gewürze dieser in Großbritannien und Nordamerika verbreiteten Spezialität. Typisch ist auch der feine Orangengeschmack dieses Gebäcks, das in verschiedenen Formen hergestellt wird. Absoluter Klassiker ist der Gingerbread Man (Lebkuchenmann), eine Figur aus der britischen Märchenwelt.

Brune Kager und Pebernodder

Zu den skandinavischen Lebkuchenspezialitäten gehören die dänischen Pebernodder (Pfeffernüsse) oder „Brune Kager" (Braune Kuchen) mit fein gehackten Nüssen als Belag. Berühmt sind auch die Honigkuchen (Honningkager) aus Christiansfeld, die von deutschen Siedlern um 1780 hierhergebracht worden sind. Die örtlichen Bäckereien bieten die leckeren Honigkuchen in vielfältigen Formen und Farben an.

Pfeffernüsse

Wie bei den Pfefferkuchen ist auch in den Pfeffernüssen in der Regel kein Pfeffer (im Mittelalter Sammelbegriff für alle exotischen Gewürze) enthalten. Von Pfeffer-„Nüssen" spricht man wegen ihrer kleinen, rundlichen Form, in der sie oft angeboten werden. Pfeffernüsse sind in zahlreichen deutschen Regionen in unterschiedlichen Formen und Rezepturen verbreitet. Im Norden kennt man sie als lebkuchenartige, sehr würzige Spezialität, die als kleine Halbkugeln gebacken wird. Bei den süddeutschen Pfeffernüssen handelt es sich in der Regel um ein Eiweißgebäck. In Sachsen haben die Pfeffernüsse eine eher eckige Form, da sie von einer Teigrolle abgeschnitten werden. In der Regel werden sie nach dem Backen weder mit Schokolade noch mit Zuckerglasur überzogen.

Pain d'épices

In Frankreich kennt man die Lebkuchen unter der Bezeichnung Pain d'épices (Gewürzbrot). Die zehn Zentimeter hohen kastenförmigen Honigkuchen werden mit karamellfarbiger Krume in verschiedenen Gewürzvariationen, mit Anis-, Orangen- oder Zitronengeschmack, hergestellt. Im Elsass ist der Honigkuchen mit einer kräftigen Prise Zimt gewürzt.

Der Tag der lachenden Lebkuchen

Elke Bräunling

Irgendetwas war anders in dieser Adventszeit. Die Sonne hatte sich hinter Wolken versteckt und Nebel machte die Tage dunkel und trist. Und genauso fühlten sich auch die Menschen. Dunkel und trist, und ihre Mundwinkel zeigten immer mehr nach unten. Schlecht gelaunt und mit griesgrämigen Blicken hasteten sie durch die Straßen. Dieses Dunkel strengte an und die Wochen vor Weihnachten fühlten sich damit noch stressiger an als sonst.

Der Lebkuchengeist, der einen Ausflug in die Stadt zu den Menschen machte, wunderte sich nicht schlecht.

„Warum sind viele Menschen in dieser Weihnachtszeit so schlecht gelaunt?", fragte er. „Das gefällt mir nicht. Nein, überhaupt nicht gefällt mir das."

Und er machte eine nächtliche Runde durch alle Backstuben der Stadt. „Wir müssen etwas ändern", sagte er zu den Lebkuchen und Pfefferkuchenmännern. „Die Weihnachtszeit soll eine frohe Zeit sein. Ich will, dass ihr ab sofort alle fröhlich lacht."

„Wie soll das gehen?", fragte eine Lebkuchenfrau. „Unser Bäcker ist so müde, dass er immer brummig guckt. Wie soll er uns da mit fröhlichen Lachgesichtern backen?"

„Keine Bange", sagte der Lebkuchengeist, der immer grimmiger wurde. „Weihnachten soll kein muffiges Griesgramfest sein. Lasst mich nur machen." Und er murmelte einige Zauberworte, die keiner verstehen konnte. Dann eilte er weiter zur nächsten Bäckerei.

Viel zu tun hatte er in dieser Nacht, doch als die Leute am nächsten Tag in die Bäckerei kamen, lachten ihnen von Broten, Brötchen, Hefestückchen, Weihnachtsplätzchen, Lebkuchen und Pfefferkuchenmännern nur fröhlich grinsende Gesichter entgegen. Lustig sahen sie aus, und die Leute kauften mit einem Lächeln im Gesicht die fröhlich lachenden Backwaren.

An diesem Tag blickten viel weniger Leute in der Stadt muffig drein. Ab und zu war sogar fröhliches Lachen zu hören. Am lautesten aber lachten die Lebkuchen und Pfefferkuchenmänner. Das aber konnte keiner hören – außer dem Lebkuchengeist natürlich.

Hänsel und Gretel

Gebrüder Grimm

Vor einem großen Walde wohnte ein armer Holzhacker mit seiner Frau und seinen zwei Kindern; das Bübchen hieß Hänsel und das Mädchen Gretel. Er hatte wenig zu beißen und zu brechen, und einmal, als große Teuerung ins Land kam, konnte er das tägliche Brot nicht mehr schaffen. Wie er sich nun abends im Bette Gedanken machte und sich vor Sorgen herumwälzte, seufzte er und sprach zu seiner Frau: „Was soll aus uns werden? Wie können wir unsere armen Kinder ernähren, da wir für uns selbst nichts mehr haben?" „Weißt du was, Mann", antwortete die Frau, „wir wollen morgen in aller Frühe die Kinder hinaus in den Wald führen, wo er am dicksten ist. Da machen wir ihnen ein Feuer an und geben jedem noch ein Stückchen Brot, dann gehen wir an unsere Arbeit und lassen sie allein. Sie finden den Weg nicht wieder nach Haus, und wir sind sie los." „Nein, Frau", sagte der Mann, „das tue ich nicht; wie sollt ich's übers Herz bringen, meine Kinder im Walde allein zu lassen! Die wilden Tiere würden bald kommen und sie zerreißen." „Oh, du Narr", sagte sie, „dann müssen wir alle viere Hungers sterben, du kannst nur die Bretter für die Särge hobeln", und ließ ihm keine Ruhe, bis er einwilligte. „Aber die armen Kinder dauern mich doch", sagte der Mann. Die zwei Kinder hatten vor Hunger auch nicht einschlafen können und hatten gehört, was die Stiefmutter zum Vater gesagt hatte. Gretel weinte bittere Tränen und sprach zu Hänsel: „Nun ist's um uns geschehen." „Still, Gretel", sprach Hänsel, „gräme dich nicht, ich will uns schon helfen." Und als die Alten eingeschlafen waren, stand er auf, zog sein Röcklein an, machte die Untertüre auf und schlich sich hinaus. Da schien der Mond ganz hell, und die weißen Kieselsteine, die vor dem Haus lagen, glänzten wie lauter Batzen. Hänsel bückte sich und steckte so viele in sein Rocktäschlein, als nur hineinwollten. Dann ging er wieder zurück, sprach zu Gretel: „Sei getrost, liebes Schwesterchen, und schlaf nur ruhig ein, Gott wird uns nicht verlassen", und legte sich wieder in sein Bett.

Als der Tag anbrach, noch ehe die Sonne aufgegangen war, kam schon die Frau und weckte die beiden Kinder: „Steht auf, ihr Faulenzer, wir wollen in den Wald gehen und Holz holen." Dann gab sie jedem ein Stückchen Brot und sprach: „Da habt ihr etwas für den Mittag, aber esst's nicht vorher auf, weiter kriegt ihr nichts." Gretel nahm das Brot unter die Schürze, weil Hänsel die Steine in der Tasche hatte. Danach machten sie sich alle zusammen auf den Weg nach dem Wald. Als sie ein Weilchen gegangen waren, stand Hänsel still und guckte nach dem Haus zurück und tat das wieder und immer wieder. Der Vater sprach: „Hänsel, was guckst du da und bleibst zurück, hab acht und vergiss deine Beine nicht!" „Ach, Vater", sagte Hänsel, „ich sehe nach meinem weißen Kätzchen, das sitzt oben auf dem Dach und will mir Ade sagen." Die Frau sprach: „Narr, das ist dein Kätzchen nicht, das ist die Morgensonne, die auf den Schornstein scheint." Hänsel aber hatte nicht nach dem Kätzchen gesehen, sondern immer einen von den blanken Kieselsteinen aus seiner Tasche auf den Weg geworfen.

Als sie mitten in den Wald gekommen waren, sprach der Vater: „Nun sammelt Holz, ihr Kinder, ich will ein Feuer anmachen, damit ihr nicht friert." Hänsel und Gretel trugen Reisig zusammen, einen kleinen Berg hoch. Das Reisig ward angezündet, und als die Flamme recht hoch brannte, sagte die Frau: „Nun legt euch ans Feuer, ihr Kinder, und ruht euch aus, wir gehen in den Wald und hauen Holz. Wenn wir fertig sind, kommen wir wieder und holen euch ab."

Hänsel und Gretel saßen um das Feuer, und als der Mittag kam, aß jedes sein Stücklein Brot. Und weil sie die Schläge der Holzaxt hörten, so glaubten sie, ihr Vater wär' in der Nähe. Es war aber nicht die Holzaxt, es war ein Ast, den er an einen dürren Baum gebunden hatte und den der Wind hin und her schlug. Und als sie so lange gesessen hatten, fielen ihnen die Augen vor Müdigkeit zu, und sie schliefen fest ein. Als sie endlich erwachten, war es schon finstere Nacht. Gretel fing an zu weinen und sprach: „Wie sollen wir nun aus dem Wald kommen?" Hänsel aber tröstete sie: „Wart nur ein Weilchen, bis der Mond aufgegangen ist, dann wollen wir den Weg schon

finden." Und als der volle Mond aufgestiegen war, so nahm Hänsel sein Schwesterchen an der Hand und ging den Kieselsteinen nach, die schimmerten wie neugeschlagene Batzen und zeigten ihnen den Weg. Sie gingen die ganze Nacht hindurch und kamen bei anbrechendem Tag wieder zu ihres Vaters Haus. Sie klopften an die Tür, und als die Frau aufmachte und sah, dass es Hänsel und Gretel waren, sprach sie: „Ihr bösen Kinder, was habt ihr so lange im Walde geschlafen, wir haben geglaubt, ihr wollet gar nicht wiederkommen." Der Vater aber freute sich, denn es war ihm zu Herzen gegangen, dass er sie so allein zurückgelassen hatte.

Nicht lange danach war wieder Not in allen Ecken, und die Kinder hörten, wie die Mutter nachts im Bette zu dem Vater sprach: „Alles ist wieder aufgezehrt, wir haben noch einen halben Laib Brot, hernach hat das Lied ein Ende. Die Kinder müssen fort, wir wollen sie tiefer in den Wald hineinführen, damit sie den Weg nicht wieder herausfinden; es ist sonst keine Rettung für uns." Dem Mann fiel's schwer aufs Herz, und er dachte: Es wäre besser, dass du den letzten Bissen mit deinen Kindern teiltest. Aber die Frau hörte auf nichts, was er sagte, schalt ihn und machte ihm Vorwürfe. Wer A sagt, muss B sagen, und weil er das erste Mal nachgegeben hatte, so musste er es auch zum zweiten Mal.

Die Kinder waren aber noch wach gewesen und hatten das Gespräch mitangehört. Als die Alten schliefen, stand Hänsel wieder auf, wollte hinaus und die Kieselsteine auflesen, wie das vorige Mal; aber die Frau hatte die Tür verschlossen, und Hänsel konnte nicht heraus. Aber er tröstete sein Schwesterchen und sprach: „Weine nicht, Gretel, und schlaf nur ruhig, der liebe Gott wird uns schon helfen."

Am frühen Morgen kam die Frau und holte die Kinder aus dem Bette. Sie erhielten ihr Stückchen Brot, das war aber noch kleiner als das vorige Mal. Auf dem Wege nach dem Wald bröckelte es Hänsel in der Tasche, stand oft still und warf ein Bröcklein auf die Erde. „Hänsel, was stehst du und guckst dich um?", sagte der Vater, „geh deiner Wege!" „Ich sehe nach meinem Täubchen, das sitzt auf dem Dache und will mir Ade sagen", antwortete Hänsel. „Narr", sagte die Frau, „das ist dein Täubchen nicht, das ist die Morgensonne, die auf den Schornstein oben scheint." Hänsel aber warf nach und nach alle Bröcklein auf den Weg.

Die Frau führte die Kinder noch tiefer in den Wald, wo sie ihr Lebtag noch nicht gewesen waren. Da ward wieder ein großes Feuer angemacht, und die Mutter sagte: „Bleibt nur da sitzen, ihr Kinder, und wenn ihr müde seid, könnt ihr ein wenig schlafen. Wir gehen in den Wald und hauen Holz, und abends, wenn wir fertig sind, kommen wir und holen euch ab." Als es Mittag war, teilte Gretel ihr Brot mit Hänsel, der sein Stück auf den Weg gestreut hatte.

Dann schliefen sie ein, und der Abend verging; aber niemand kam zu den armen Kindern. Sie erwachten erst in der finstern Nacht, und Hänsel tröstete sein Schwesterchen und sagte: „Wart nur, Gretel, bis der Mond aufgeht, dann werden

wir die Brotbröcklein sehen, die ich ausgestreut habe, die zeigen uns den Weg nach Haus." Als der Mond kam, machten sie sich auf, aber sie fanden kein Bröcklein mehr, denn die viel tausend Vögel, die im Walde und im Felde umherfliegen, die hatten sie weggepickt. Hänsel sagte zu Gretel: „Wir werden den Weg schon finden." Aber sie fanden ihn nicht. Sie gingen die ganze Nacht und noch einen Tag vom Morgen bis Abend, aber sie kamen aus dem Wald nicht heraus und waren so hungrig, denn sie hatten nichts als die paar Beeren, die auf der Erde standen. Und weil sie so müde waren, dass die Beine sie nicht mehr tragen wollten, so legten sie sich unter einen Baum und schliefen ein. Nun war's schon der dritte Morgen, dass sie ihres Vaters Haus verlassen hatten. Sie fingen wieder an zu gehen, aber sie gerieten immer tiefer in den Wald, und wenn nicht bald Hilfe kam, mussten sie verschmachten. Als es Mittag war, sahen sie ein schönes, schneeweißes Vögelein auf einem Ast sitzen, das sang so schön, dass sie stehen blieben und ihm zuhörten. Und als es fertig war, schwang es seine Flügel und flog vor ihnen her, und sie gingen ihm nach, bis sie zu einem Häuschen gelangten, auf dessen Dach es sich setzte, und als sie ganz nahe herankamen, so sahen sie, dass das Häuslein aus Brot gebaut war und mit Kuchen gedeckt; aber die Fenster waren von hellem Zucker. „Da wollen wir uns dranmachen", sprach Hänsel, „und eine gesegnete Mahlzeit halten. Ich will ein Stück vom Dach essen, Gretel, du kannst vom Fenster essen, das schmeckt süß." Hänsel reichte in die Höhe und brach sich ein wenig vom Dach ab, um zu versuchen, wie es schmeckte, und Gretel stellte sich an die Scheiben und knupperte daran. Da rief eine feine Stimme aus der Stube heraus:

„Knupper, knupper, Kneischen,
wer knuppert an meinem Häuschen?"
Die Kinder antworteten:
„Der Wind, der Wind,
das himmlische Kind",

und aßen weiter, ohne sich irre machen zu lassen. Hänsel, dem das Dach sehr gut schmeckte, riss sich ein großes Stück davon herunter, und Gretel stieß eine ganze runde Fensterscheibe heraus, setzte sich nieder und tat sich wohl damit. Da ging auf einmal die Türe auf, und eine steinalte Frau, die sich auf eine Krücke stützte, kam herausgeschlichen. Hänsel und Gretel erschraken so gewaltig, dass sie fallen ließen, was sie in den Händen hielten. Die Alte aber wackelte mit dem Kopfe und sprach: „Ei, ihr lieben Kinder, wer hat euch hierher gebracht? Kommt nur herein und bleibt bei mir, es geschieht euch kein Leid." Sie fasste beide an der Hand und führte sie in ihr Häuschen. Da ward ein gutes Essen aufgetragen, Milch und Pfannkuchen mit Zucker, Äpfel und Nüsse. Hernach wurden zwei schöne Bettlein weiß gedeckt, und Hänsel und Gretel legten sich hinein und meinten, sie wären im Himmel.

Die Alte hatte sich nur freundlich angestellt, sie war aber eine böse Hexe, die den Kindern auflauerte, und hatte das Brothäuslein bloß gebaut, um sie herbeizulocken. Wenn eins in ihre Gewalt kam, so machte sie es tot, kochte es und aß es, und das war ihr ein Festtag. Die Hexen haben rote Augen und können nicht weit sehen, aber sie haben eine feine Witterung wie die Tiere und merken's, wenn Menschen herankommen. Als Hänsel und Gretel in ihre Nähe kamen, da lachte sie boshaft und sprach höhnisch: „Die habe ich, die sollen mir nicht wieder entwischen!" Früh morgens, ehe die Kinder erwacht waren, stand sie schon auf, und als sie beide so lieblich ruhen sah, mit den vollen roten Backen, so murmelte sie vor sich hin: „Das wird ein guter Bissen werden." Da packte sie Hänsel mit ihrer dürren Hand und trug ihn in einen kleinen Stall und sperrte ihn mit einer Gittertüre ein. Er mochte schrei'n, wie er wollte, es half ihm nichts. Dann ging sie zur Gretel, rüttelte sie wach und rief: „Steh auf, Faulenzerin, trag Wasser und koch deinem Bruder etwas Gutes, der sitzt draußen im Stall und soll fett werden. Wenn er fett ist, so will ich ihn essen." Gretel fing an bitterlich zu weinen; aber es war alles vergeblich, sie musste tun, was die böse Hexe verlangte.

Nun ward dem armen Hänsel das beste Essen gekocht, aber Gretel bekam nichts als Krebsschalen. Jeden Morgen schlich die Alte zu dem Ställchen und rief: „Hänsel, streck deine Finger heraus, damit ich fühle, ob du bald fett bist." Hänsel streckte ihr aber ein Knöchlein heraus, und die Alte, die trübe Augen hatte, konnte es nicht sehen und meinte, es wären Hänsels Finger, und verwunderte sich, dass er gar nicht fett werden wollte. Als vier Wochen herum waren und Hänsel immer mager blieb, da überkam sie die Ungeduld, und sie wollte nicht länger warten. „Heda, Gretel", rief sie dem Mädchen zu, „sei flink und trag Wasser! Hänsel mag fett oder mager sein, morgen will ich ihn schlachten und kochen." Ach, wie jammerte das arme Schwesterchen, als es das Wasser tragen musste, und wie flossen ihm die Tränen über die Backen herunter! „Lieber Gott, hilf uns doch", rief sie aus, „hätten uns nur die wilden Tiere im Wald gefressen, so wären wir doch zusammen gestorben!" „Spar nur dein Geplärre", sagte die Alte, „es hilft dir alles nichts."

Früh morgens musste Gretel heraus, den Kessel mit Wasser aufhängen und Feuer anzünden. „Erst wollen wir backen", sagte die Alte, „ich habe den Backofen schon eingeheizt und den

Teig geknetet." Sie stieß das arme Gretel hinaus zu dem Backofen, aus dem die Feuerflammen schon herausschlugen "Kriech hinein", sagte die Hexe, "und sieh zu, ob recht eingeheizt ist, damit wir das Brot hineinschieben können." Und wenn Gretel darin war, wollte sie den Ofen zumachen und Gretel sollte darin braten, und dann wollte sie's aufessen. Aber Gretel merkte, was sie im Sinn hatte, und sprach: "Ich weiß nicht, wie ich's machen soll; wie komm ich da hinein?" "Dumme Gans", sagte die Alte, "die Öffnung ist groß genug, siehst du wohl, ich könnte selbst hinein", krabbelte heran und steckte den Kopf in den Backofen. Da gab ihr Gretel einen Stoß, dass sie weit hineinfuhr, machte die eiserne Tür zu und schob den Riegel vor. Hu! Da fing sie an zu heulen, ganz grauselich; aber Gretel lief fort, und die gottlose Hexe musste elendiglich verbrennen.

Gretel aber lief schnurstracks zum Hänsel, öffnete sein Ställchen und rief: "Hänsel, wir sind erlöst, die alte Hexe ist tot." Da sprang Hänsel heraus wie ein Vogel aus dem Käfig, wenn ihm die Türe aufgemacht wird. Wie haben sie sich gefreut, sind sich um den Hals gefallen, sind herumgesprungen und haben sich geküsst! Und weil sie sich nicht mehr zu fürchten brauchten, so gingen sie in das Haus der Hexe hinein. Da standen in allen Ecken Kasten mit Perlen und Edelsteinen. „Die sind noch besser als Kieselsteine", sagte Hänsel und steckte in seine Taschen, was hineinwollte. Und Gretel sagte: „Ich will auch etwas mit nach Haus bringen", und füllte sein Schürzchen voll. „Aber jetzt wollen wir fort", sagte Hänsel, „damit wir aus dem Hexenwald herauskommen." Als sie aber ein paar Stunden gegangen waren, gelangten sie an ein großes Wasser. „Wir können nicht hinüber", sprach Hänsel, „ich seh' keinen Steg und keine Brücke." „Hier fährt auch kein Schiffchen", antwortete Gretel, „aber da schwimmt eine weiße Ente, wenn ich die bitte, so hilft sie uns hinüber." Da rief sie:

„Entchen, Entchen,
da steht Gretel und Hänsel.
Kein Steg und keine Brücke,
nimm uns auf deinen weißen Rücken."

Das Entchen kam auch heran, und Hänsel setzte sich auf und bat sein Schwesterchen, sich zu ihm zu setzen. „Nein", antwortete Gretel, „es wird dem Entchen zu schwer, es soll uns nacheinander hinüberbringen." Das tat das gute Tierchen, und als sie glücklich drüben waren und ein Weilchen fortgingen da kam ihnen der Wald immer bekannter und immer bekannter vor, und endlich erblickten sie von Weitem ihres Vaters Haus. Da fingen sie an zu laufen, stürzten in die Stube hinein und fielen ihrem Vater um den Hals. Der Mann hatte keine frohe Stunde gehabt, seitdem er die Kinder im Walde gelassen hatte, die Frau aber war gestorben. Gretel schüttelte sein Schürzchen aus, dass die Perlen und Edelsteine in der Stube herumsprangen, und Hänsel warf eine Handvoll nach der andern aus seiner Tasche dazu. Da hatten alle Sorgen ein Ende, und sie lebten in lauter Freude zusammen.

Mein Märchen ist aus, dort lauft eine Maus, wer sie fängt, darf sich eine große Pelzkappe daraus machen.

Hänsel und Gretel verirrten sich im Wald

Lied

Hänsel und Gretel verirrten sich im Wald.
Es war so finster und auch so bitterkalt.
Sie kamen an ein Häuschen von Pfefferkuchen fein.
Wer mag der Herr wohl von diesem Häuschen sein?

Hänsel war hungrig, stibitzt ein Stück vom Dach.
Und auch die Gretel macht es dem Bruder nach.
Es schmeckte gar so lecker, sie aßen immer mehr.
Plötzlich, da knackt es, und sie erschraken sehr.

Huhu, da schaut eine alte Hexe raus.
Sie lockt die Kinder ins Pfefferkuchenhaus.
Sie stellte sich gar freundlich, o Hänsel, welche Not,
sie will dich braten, im Ofen, braun wie Brot.

Doch als die Hexe zum Ofen schaut hinein,
ward sie gestoßen von unserm Gretelein.
Die Hexe musste braten, die Kinder geh'n nach
  Haus'.
Nun ist das Märchen von Hans und Gretel aus.

Hänsel und Gretel verirrten sich im Wald (1901)

Christa Holtei

Jacob Grimm (1785–1863) und Wilhelm Grimm (1786–1859) veröffentlichten 1812 und 1815 ihre heute in der ganzen Welt bekannte Sammlung *Grimms Märchen*. Mehrere überarbeitete Auflagen der Bücher folgten bis 1850. Schon im 19. Jahrhundert wurden aus manchen Märchen

Texte für Kinderlieder geschaffen. Märchenlieder wie „Es waren zwei Königskinder" oder „Dornröschen war ein schönes Kind" entstanden in dieser Zeit. Eines der bekanntesten deutschen Märchen aus Grimms Sammlung wurde „Hänsel und Gretel". Die Schwester des Komponisten Engelbert Humperdinck (1854–1921) bat ihren Bruder für eine private Theateraufführung um einige Melodien zu diesem Märchen. Daraus entstand die abendfüllende Oper *Hänsel und Gretel*, die 1893 in Weimar uraufgeführt wurde. Sie wurde zu einem Welterfolg.

Die Idee, Märchen auch als Singspiele darzustellen, setzte sich danach schnell durch. 1901 veröffentlichte der Lehrer Paul Hoffmann aus Halle ein Schulliederbuch, in dem zum ersten Mal das neue Märchenlied „Hänsel und Gretel verirrten sich im Wald" abgedruckt war. Leider sind Verfasser und Komponist bis heute unbekannt. 1913 nahm der Leipziger Komponist Georg Winter es in seine Sammlung von gesungenen Kinderspielen auf und versah das Lied mit Spielanweisungen. Bis heute gehört „Hänsel und Gretel" fest zum Programm von Kindertheatern.

Parodie von „Hänsel und Gretel"

Clara Weiss

Am Mittwoch, den 7.7.2021, haben zwei minderjährige Kinder das Haus der Pensionistin Hildtraud Zuckerweber überfallen und schwer beschädigt.

Der Vater der Kinder wurde nach ihrer Festnahme unverzüglich verständigt. Seine Kinder Hänsel und Gretel haben aus Hunger die Zuckerwand, Lebkuchenheizung und den Tisch zerbissen. Die Pensionistin beklagt sich noch dazu über fehlende Becher, Besteck und angebissene Stühle. Zusätzlich haben die Kinder das Gewand der 85-Jährigen gegessen, was dazu führte, dass die Dame nach ihrem täglichen Duschgang keine Kleidung hatte. Die unbekleidete Frau verließ das Haus, um sich Hilfe zu suchen. Sie wurde in der Lebkuchenstraße 7 gesichtet. Aufmerksame Passanten haben die

Polizei angerufen und die Dame angekleidet. Laut ihrem Bericht waren echte Profis am Werk. Die Kinder bissen zuerst ein kleines Loch in die Tür, um diese von innen zu öffnen. Die Duschtür sperrten die Räuber zu, um den Rest des Hauses zu plündern.

    Der Polizeisprecher Fridolin Gerhard nahm den Raub allerdings nicht so ernst und spendierte Hänsel und Gretel einen Korb mit Lebkuchen. Die Mutter, die ihren Kindern zu wenig zu essen gab, wurde zu sieben Jahren Haft verurteilt.

Geschichte eines Pfefferkuchenmannes

Paul Richter

Es war einmal ein Pfefferkuchenmann,
von Wuchse groß und mächtig.
Und was seinen inneren Wert betraf,
so sagte der Bäcker: „Prächtig!"

Auf dieses glänzende Zeugnis hin
erstand ihn der Onkel Heller
und stellte ihn seinem Patenkind,
dem Fritz, auf den Weihnachtsteller.

Doch kaum war mit dem Pfefferkuchenmann
der Fritz ins Gespräch gekommen,
da hatte er schon – aus Höflichkeit –
die Mütze abgenommen.

Als schlafen ging der Pfefferkuchenmann,
da bog er sich krumm vor Schmerze;

an der linken Seite fehlte fast ganz
sein stolzes Rosinenherze!

Als Fritz tags darauf den Pfefferkuchenmann
besuchte ganz früh und alleine,
da fehlte, o Schreck, dem armen Kerl
ein Arm schon und beide Beine!

Und wo einst saß am Pfefferkuchenmann
die mächtige Habichtnase,
da war – ein Loch! Und er weinte still
eine bräunliche Sirupblase.

Von nun an nahm der Pfefferkuchenmann
ein reißendes, schreckliches Ende.
Das letzte Stückchen kam schließlich durch
  Tausch
in Schwester Margaretchens Hände.

Die kochte als sorgliche Hausfrau draus
für ihre hungrige Puppe
auf ihrem neuen Spiritusherd
eine kräftige, leckere Suppe.

Und das geschah dem Pfefferkuchenmann,
 den einst so viele bewundert
 in seiner Schönheit bei Bäcker
 Schmidt,
 im Jahre neunzehnhundert!

Die Lebkuchen-Prinzessin

 *Romy Herold*

Der Geschmack von Honiglebkuchen und der Geruch von Schnee – diese Mischung war für Elise Lusin seit Kindertagen der Inbegriff der Winterzeit. Auch am heutigen Januarnachmittag, an dem die Achtzehnjährige zum Wöhrder See gekommen war, um über die glitzernde Eisfläche zu gleiten, hatte sie zur Stärkung ein Stück Lebkuchen dabei.

Lächelnd zog sie das Gebäck hervor und betrachtete das Motiv, das darauf zu sehen war: Wilhelm Lusin hatte ihr natürlich einen Eisläufer-Lebkuchen mitgegeben; die Prägung entstammte einer Stanzform, einem sogenannten Model, das er eigens für seine eislaufbegeisterte Tochter geschnitzt hatte. Hungrig biss sie hinein und genoss den vertrauten Geschmack auf ihrer Zunge. Allerdings musste sie sich eingestehen, dass dieses Gebäck im Vergleich mit dem Biskuit, den sie gestern heimlich bei der Konditorei Beer

in der Breiten Gasse gekauft hatte, etwas hart und zäh schmeckte. Der Biskuit war so herrlich luftig gewesen! Sie hoffte nur, dass sie niemand bei ihrem Kauf gesehen hatte, sie konnte sich die Reaktion ihres Vaters schon ausmalen. Wie die meisten Lebküchner war Wilhelm Lusin nicht gut auf die Zuckerbäcker, die ihnen schwere Konkurrenz machten, zu sprechen. Aus Erzählungen wusste sie, dass es um den richtigen Lebkuchenteig – und vor allem, um die Frage, wer ihn backen durfte – in Nürnberg einst eine regelrechte Fehde zwischen den Lebküchnern und Zuckerbäckern gegeben hatte, den sogenannten Nürnberger Lebkuchenkrieg, in dem auch ihr Großvater für die Rechte der Lebküchner eingetreten war. Ihr Vater zählte sich zur Zunft der echten Lebküchner, die nach einer im 15. Jahrhundert erlassenen Zunftordnung Lebkuchen, Met, Kerzen und Wachsbilder herstellten. Und wie Wilhelm nicht müde wurde zu erzählen, hatte sein Vater als Lebzelter und Wachszieher noch ein gutes Leben gehabt. Denn bis vor einigen Jahren hatte es noch nicht so viel Naschwerk gegeben wie heutzutage, Lebkuchen waren die Süßigkeit des einfachen Volkes gewesen und die Lebküchner damit außer Konkurrenz. Der Kerzenverkauf tat ein Übriges. Licht brauchte schließlich jeder.

Doch dann hatte der Zucker seinen Siegeszug angetreten und den Honig immer mehr ver-

drängt. Und damit hatte der Untergang der klassischen Lebküchner begonnen, denen die Zuckerbäcker nun das Leben schwer machten.

Elise nahm noch einen Bissen von ihrem Lebkuchen und packte ihn dann entschlossen in ihre Tasche. Sie wollte sich den schönen Tag wirklich nicht mit trüben Gedanken verderben! Zu verlockend sah der zugefrorene See aus, obendrein hatte es zu schneien begonnen. Sie wollte jetzt endlich aufs Eis! Elise ließ sich auf einem Baumstumpf am Rande des Sees nieder und schnallte ihre Schlittschuhe an. Dann stapfte sie durch die Schneedecke die letzten Meter bis zum See – und stand endlich auf dem Eis. Wie herrlich es sich unter den Kufen anfühlte! Elise fuhr ein Stück weiter hinaus, schneller und immer schneller, legte den Kopf in den Nacken und genoss das Gefühl ihres dahingleitenden Körpers und der Schneeflocken auf ihrem Gesicht.

Als sie die Augen wieder öffnete, sah sie in der Nähe eine junge, elegante Frau in ihrem Alter, die sich besonders grazil auf dem Eis bewegte. Elise erkannte sie sofort: Das war Helene von

Tucher aus der berühmten Brauerei-Dynastie. Die Familie besaß hier in Nürnberg sogar ein Schloss. Die beiden jungen Frauen waren einander schon einige Male begegnet – oder besser: Elise hatte die andere dann und wann gesehen, bezweifelte aber, dass Helene sie bemerkt hatte, geschweige denn etwas von ihrer Existenz wusste. Insgeheim bewunderte sie die Tuchertochter, die immer so elegant aussah und obendrein mit ihrem blonden Haar und den strahlend grünen Augen eine Schönheit war.

In diesem Moment ertönte aus der Richtung, in der Helene glitt, ein bedrohliches Knacken, gefolgt von dem eigentümlich hallenden Klopfgeräusch, das ertönte, wenn Eis zu brechen drohte. Und dann ging alles ganz schnell: Helene von Tucher gab einen erschrockenen Schrei von sich, da brach sie auch schon ein. Sofort versank die junge Frau in dem entstandenen Eisloch. Die anderen Schlittschuhläufer standen nur wie erstarrt da, machten erschrockene Gesichter oder schrien herum.

„Warum hilft ihr denn keiner?", rief Elise und fuhr, so schnell sie nur konnte, zum Eisloch. „Halten Sie meine Füße fest!", rief sie einem tatenlos dastehenden Herrn zu, während sie sich flach auf das Eis legte.

Der Mann erwachte aus seiner Erstarrung und schnappte sich ihr linkes Bein, während ein zweiter hinzukam und sich ihr rechtes griff. Dann legten sich die beiden Männer ebenfalls aufs Eis und schoben Elise näher an das Loch heran, zögerten dann aber.

„Na, machen Sie schon! Weiter! Ich versuche, sie rauszuziehen", schrie sie und holte einmal tief Luft, bevor die Männer sie weiterschoben, sodass sie mit dem Oberkörper untertauchte. Das eisige Wasser stach wie tausend Nadeln, die Luft blieb ihr weg, doch zu ihrer unfassbaren Erleichterung war Helene nicht unter die Eisdecke abgetrieben. Sie bekam ein Stück Stoff zu fassen, dann eine Hand. Mein Gott, war das kalt! Doch sie durfte nicht aufgeben! Lang würde sie da unten nicht überleben! Wenn die Männer sie doch nur zurückziehen würden! Sie wackelte ein wenig mit den Beinen, um ihnen ein Signal zu geben. Zum Glück schienen die beiden zu verstehen und zogen sie mit aller Kraft nach hinten. Elise hielt die Hand der Tucher-Erbin fest umklammert und schnappte nach Luft. Wie durch einen Nebel nahm sie wahr, dass helfende Hände nach Helene griffen und sie ganz aus dem Loch zogen. Mit ihren schweren, eisigen Kleidern am Leib lag Elise keuchend auf der Eisfläche.

„Atmet sie?", rief Elise in Richtung der Menschen, die sich um Helene kümmerten.

„Ja", rief eine Frau zu ihrer Erleichterung. „Sie hat die Augen wieder geöffnet."

Sie ließ sich aufhelfen, wobei sie zitterte und ihre Zähne wie noch nie zuvor in ihrem Leben klapperten. Die eiskalte Kleidung raubte ihr fast die Sinne. Und dann wurde es schwarz um sie.

Wie von fern drangen die besorgten Stimmen in Elises Bewusstsein. Sie spürte eine kühle Hand auf ihrer Stirn. Jemand wickelte feuchte Tücher um ihre Waden. „Wenn das Fieber nicht innerhalb der nächsten Stunde sinkt, müssen wir nach einem Arzt schicken", hörte sie ihre Mutter sagen.

„Was soll der denn noch sagen oder tun?", erklang nun die verzweifelte Stimme ihres Vaters. „Er hat doch schon die verschiedensten Tinkturen und Säfte verordnet. Aber es hilft alles nichts."

Die Stimme des Vaters wurde leiser, driftete immer weiter fort. Elise fühlte sich wieder, als drehe sie ihre verträumten Runden auf dem gefrorenen See. In diesem Moment begann es zu schneien, lauter kleine weiße Sterne fielen sanft vom Himmel, küssten ihr Gesicht und liefen an

ihr herab. Aber die Flocken waren kalt, so eisig kalt. Die Kälte vertrieb den wunderbaren Zauber. Elises Körper zitterte und bebte. Und da war sie wieder, die besorgte Stimme ihrer Mutter, panisch nun.

„Sie hat Schüttelfrost. Wilhelm, du musst etwas tun!"

Elise spürte, dass ihr eine weitere Decke über die Beine gelegt wurde.

Dann wieder die Stimme ihres Vaters. „Ich habe eine Idee", murmelte er. „Ich bin bald wieder zurück."

„Wo willst du denn jetzt hin?", rief Margarethe Lusin entsetzt.

„In die Backstube hinunter."

„Aber du kannst doch jetzt nicht ans Backen denken!", widersprach seine Frau.

„Es ist für Elise", erwiderte er. „Vertrau mir. Ich mache, so schnell ich kann. Du musst dafür sorgen, dass das Fieber nicht weiter steigt."

Draußen tanzten die Schneeflocken. Wilhelm, der den Schnee und die kalte Jahreszeit sonst so liebte – schließlich waren das die Monate, in denen sich seine Lebkuchen am besten verkauften –, verzog das Gesicht, als er auf dem Weg in seine Backstube durch das Fenster auf dem Treppenabsatz nach draußen sah. Er wusste, dass der so schön und so märchenhaft aussehende Schnee mit eisiger Kälte einherging. Einer Kälte, die seiner kleinen Elise derart schwer zugesetzt hatte, dass sie sich jetzt in einem beängstigenden Zustand befand. Seine tapfere Lebensretterin, die ohne Zögern, unter Einsatz des eigenen Lebens, die Tucher-Erbin gerettet hatte.

Besorgte Zeugen hatten die völlig ausgekühlte Elise, in Decken gehüllt, nach Hause gebracht und atemlos Bericht erstattet. Margarethe hatte sie sofort ins Bett gepackt, mitsamt Wärmflaschen und bergeweise Decken. Doch Elise war einfach nicht wieder warm geworden.

Am nächsten Morgen hatte sie über schreckliche Halsschmerzen geklagt, am Abend keinen Appetit gehabt und in der Nacht hohes Fieber bekommen, das seit drei Tagen nicht mehr sinken wollte. Die Ärzte waren ratlos und Wilhelm noch nie in seinem Leben so verzweifelt gewesen. Was er nun versuchen wollte, war ein letzter Strohhalm, nach dem er verzweifelt griff. Einen ganz speziellen Lebkuchen wollte er ihr backen. Einen, der nicht dem Genuss, sondern der Gesundheit diente. Mit ganz wenig Mehl und mit besonders vielen Gewürzen. Schließlich war die heilende Wirkung dieses Gebäcks von alters her bekannt. Schon in den Klöstern, in denen sie einst hergestellt wurden, hatte man die Lebkuchen zu medizinischen Zwecken eingesetzt, wusste man doch um die schmerzstillende Wirkung der Nelke und dass Zimt Appetit und Kreislauf anregte.

Inzwischen hatte Wilhelm den hinteren Teil des Erdgeschosses erreicht, in dem sich die Backstube befand. Zunächst feuerte er den Ofen an, dann ging er in die Gewürzkammer und holte eilig Nelken, Zimt, Muskat, Kardamom und Piment aus den dafür vorgesehenen Gefäßen. Sogleich erfüllte ein herrlicher Duft den Raum, doch dafür hatte Wilhelm nun nichts übrig. Hastig machte er sich daran, die Gewürze in der dafür vorgesehenen Schüssel zusammenzustellen. Dann ging er nach nebenan in seine Backstube.

Dort wog er zunächst den Zucker ab, fügte die Eier und etwas Vanille hinzu und begann die Masse so lange schaumig aufzuschlagen, bis sich der Zucker vollständig aufgelöst hatte. Vorsichtig hob er anschließend die gemahlenen Mandeln, etwas Orangeat und Zitronat unter sowie die Gewürzmischung, die er noch mit Zitronen- und Orangenschale verfeinert hatte. Da er dem Teig keinen Tag Ruhe an einem kühlen Ort gönnen konnte, gab er zum Schluss noch etwas Backtriebmittel bei.

Ungeduldig und mit den Gedanken bei Elise, begann Wilhelm aus dem Teig kleine Kugeln zu formen, die er anschließend flachdrückte und jeweils mittig auf eine Oblate setzte. Ohne dem Gebäck die übliche Ruhezeit zu geben, schob er es in den vorgeheizten Ofen und wartete dann unruhig, bis der vertraute Duft durch die Backstube zog.

Wie immer benötigte Wilhelm Lusin auch dieses Mal keine Uhr, um zu wissen, wann die Lebkuchen fertig waren. Er erkannte es an dem Geruch. Sobald er eine bestimmte Note angenommen hatte und durch die Backstube zog, waren die Lebkuchen so weit. In diesem Moment begannen sie sich an der Unterseite leicht braun zu verfärben und mussten sofort aus dem Ofen.

Mit einem Heber holte er die duftenden braunen Kuchen vom Blech, legte sie in den Korb, den er bereitgestellt hatte, löschte das Feuer im

Ofen und eilte durch das Treppenhaus wieder hinauf ins Obergeschoss, wo sich die Wohnung der Lusins befand.

Die klirrende Kälte wollte nicht enden. Um sie herum war alles weiß und Elise ging mutterseelenallein durch eine weite Schneelandschaft. Da war niemand, der ihr in dieser ihrer eisigen Einsamkeit helfen konnte. Niemand, der sie schützte. Niemand, der sie wärmte. „Mama!", rief sie verzweifelt. „Papa!"

„Wir sind hier, Liebes!", hörte sie eine vertraute Stimme an ihrem Ohr. „Wir sind bei dir und wir haben etwas, das dich gesund machen wird."

Der herrliche Duft von Gewürzen kroch in ihr Bewusstsein. „Zimt", murmelte sie. „Nelken. Und Muskat."

„Ihr Geruchssinn ist noch da", hörte sie die Stimme ihrer Mutter. „Das ist ein gutes Zeichen."
„Ja", freute sich Wilhelm. „Ja, das ist es."

Im nächsten Moment spürte Elise etwas Warmes an ihren Lippen.

„Versuch, etwas zu essen, mein Kind", riet ihr Vater mit liebevoller Stimme. „Das wird dir guttun."

„Und wenn sie sich verschluckt?", fragte ihre Mutter besorgt, doch der Vater presste ihr nur weiter das Gebäck gegen die verschlossenen Lippen. „Das wird nicht passieren", sagte er. „Ich weiß, dass es ihr hilft, gesund zu werden."

Sie öffnete den Mund, und warmer, weicher Lebkuchen schob sich auf ihre Zunge.

Himmlisch! Die Wärme des ofenfrischen Gebäcks schien Elises ganzen Körper zu durchströmen und die eisigen Kristalle fortzuschmelzen. Und im

Gegensatz zu den anderen Lebkuchen war er diesmal auch gar nicht hart und zäh! Die Gewürze belebten ihren Gaumen, sie kaute, schluckte und öffnete den Mund, in den ihr Vater ihr sogleich einen weiteren Bissen schob. Sie genoss das Gefühl, wie sie sich langsam, buchstäblich Stückchen für Stückchen, immer besser fühlte.

„Siehst du", sagte Wilhelm Lusin zufrieden, „ich habe es ja gewusst. Meine Lebkuchen machen sie wieder gesund."

Elise öffnete die Augen und lächelte. „Gut", sagte sie. „Mehr."

„Liebes!", rief Margarethe und brach in Tränen der Erleichterung aus. „Ich bin so froh, dass es dir wieder besser geht."

Elise lächelte ihre Eltern glücklich an. „Das sind die köstlichsten Lebkuchen, die du je gemacht hast", wisperte sie schwach.

Ihr Vater drückte gerührt ihre Hand. „Dann backen wir die jetzt immer", entschied er. „Und wir benennen sie nach dir. Elisenlebkuchen."

Lebkuchenmänner

- 125 g Honig oder Rübensirup
- 40 g Butter
- 60 g Zucker
- 1 Ei
- 250 g Roggenmehl
- 1 TL Natron
- 3/4 EL Lebkuchengewürz

Für die Glasur:
- 15 g Eiweiß
- 100 g Puderzucker

1. Honig, Zucker und Butter in einem Topf bei mittlerer Hitze erwärmen (nicht kochen) und miteinander vermengen, dann auskühlen lassen.
2. Ei, Mehl, Natron und Gewürz unterrühren, bis ein geschmeidiger Teig entstanden ist.

Diesen luftdicht verpacken und über Nacht bei Zimmertemperatur stehen lassen.
3. Am nächsten Tag den Teig ca. 5 mm dick ausrollen und Lebkuchenmänner ausstechen. Diese Lebkuchenmänner im vorgeheizten Backofen bei 180 °C Ober-/Unterhitze (oder 160° C Umluft – beim gleichzeitigen Backen mehrerer Bleche) 10–15 min backen, bis der Teig leicht gebräunt ist.
4. Für die Glasur das Eiweiß mit dem gesiebten Puderzucker steif schlagen, bis Spitzen stehen bleiben. Falls die Glasur zu dünn ist, noch mehr Puderzucker zugeben. Die Glasur kann nach Belieben mit Lebensmittelfarben eingefärbt werden. Glasur in einen Spritzbeutel füllen und die ausgekühlten Lebkuchenmänner verzieren.

Einfacher Lebkuchen zum Ausstechen

- 240 g Butter
- 150 g (Kristall-)Zucker
- 180 ml Melasse oder Honig
- 1 Vanilleschote oder Vanillezucker bzw. -aroma
- 1 TL Natron
- 360 g Mehl
- 1 EL Lebkuchengewürz
- Nüsse
- Trockenfrüchte

1. Butter und Zucker schaumig schlagen.
2. Melasse oder Honig langsam hinzufügen.
3. Trockene Zutaten mischen und in Dritteln hinzufügen.
4. Den Teig auf einer bemehlten Arbeitsfläche zu einer Kugel rollen und für 1–2 Stunden im Kühlschrank kaltstellen.
5. Teig auf einer bemehlten Arbeitsfläche ausrollen, Formen ausstechen und auf ein mit

Backpapier ausgelegtes Backblech legen.
Nach Belieben noch mit Nüssen und getrockneten Früchten – wie z. B. Mandeln, Haselnüssen, Rosinen – dekorieren.
6. Ofen auf 175° C Ober- und Unterhitze vorheizen.
7. Die Lebkuchen 8–10 min backen. Auf einem Rost auskühlen lassen.

Quellenverzeichnis

Bildnachweis

S. 8: Ein Herzensgeschenk. Weihnachtsgruß der Gartenlaube an ihre Leser. Kunstbeilage Nr. 49 (1888). Nach dem Originalgemälde von Ludwig Blume-Siebert. Universitätsbibliothek Regensburg, 291/LI 99999 B658; S. 10: Hans Friedrich Geist: Kleine Weihnachtsfreuden. Von weihnachtlichen Bräuchen im deutschen Haus. Kassel: Bärenreiter-Verlag, ca. 1940. S. 22. Universitätsbibliothek Regensburg, 221/LB 59015 G313; S. 15: Oblatenbild. Universitätsbibliothek Regensburg, 291/GE 3111 L141; S. 16: © stock.adobe.com/electriceye; S. 17: © stock.adobe.com/kalanustudios.com; S. 19: © stock.adobe.com/pusteflower9024; S. 20: © stock.adobe.com/ji_images; S. 21: © stock.adobe.com/engel.ac; S. 22: © Numiscontrol/CC-BY-SA-3.0 (Wikimedia Commons); S. 23: © picture alliance/ZB | Matthias Hiekel; S. 24: © stock.adobe.com/andrifoto; S. 25: © stock.adobe.com/RnDmS; S. 26: © stock.adobe.com/Mapics; S. 27: © stock.adobe.com/vivoo; S. 28: © stock.adobe.com/Corinne; S. 29: © stock.adobe.com/Zerbor; S. 30: © stock.adobe.com/Volker; S. 31: © stock.adobe.com/MissesJones; S. 32: © stock.adobe.com/photocrew; S. 34: © stock.adobe.com/Cloudlet; S. 43: © MCAD Library/CC-BY-2.0 (Wikimedia Commons); S. 53: © stock.adobe.com/askaja; S. 54: © stock.adobe.com/Julia; S. 57: © stock.adobe.com/Fulcanelli; S. 58 ff.: © stock.adobe.com/wacomka; S. 62: © stock.adobe.com/Natalia; S. 65: © stock.adobe.com/xiquence; S. 68: © stock.adobe.com/Firn; S. 73: © stock.adobe.com/Laiotz; S. 74: © stock.adobe.com/Manuel; S. 76: stock.adobe.com/azurita; S. 79: © stock.adobe.com/sonyachny.

Textnachweis

Thomas Naumann, Geschichte des Pfefferkuchens, aus: Ders., Kleine Pfefferkuchen-Bäckerei: Geschichten und Rezepte © 2005, Buchverlag für die Frau GmbH, Leipzig.
Hans Hipp, Lebkuchenspezialitäten – eine Exkursion in die europäischen Lebkuchenzentren, aus: Ders., Das Lebkuchenbuch. Insel-Bücherei © 2019, Insel Verlag, Berlin. Alle Rechte bei und vorbehalten durch Insel Verlag Berlin.
Elke Bräunling, Der Tag der lachenden Lebkuchen, aus: Elkes Kindergeschichten © Elke Bräunling & Verlag Stephen Janetzko.
Christa Holtei, Hänsel und Gretel verirrten sich im Wald (1901), aus: Dies., Warum klappert die Mühle am rauschenden Bach? Kinderlieder und ihre Geschichte. Mit Bildern von Tilman Michalski © 2010 Fischer Sauerländer GmbH, Frankfurt am Main.
Clara Weiss, Parodie von „Hänsel und Gretel" © Clara Weiss.
Romy Herold, Die Lebkuchen-Prinzessin (Auszug: 1. Kapitel), aus: Romy Herold, Die Lebkuchen-Prinzessin © 2022 Blanvalet Taschenbuch Verlag, München, in der Penguin Random House Verlagsgruppe GmbH.

Wir danken allen Rechteinhabern für die freundliche Abdruckerlaubnis.
Der Verlag hat sich bemüht, alle Rechteinhaber in Erfahrung zu bringen. Für zusätzliche Hinweise sind wir dankbar.